RÉPONSE

A MM. LES AVOCATS

ET

AU PARQUET DE LA MARTINIQUE,

RELATIVEMENT AU PROCÈS DE LA GRAND'ANSE ;

PAR FABIEN,

MANDATAIRE DES HOMMES DE COULEUR DE LA MARTINIQUE.

RÉPONSE

A MM. LES AVOCATS

ET

AU PARQUET DE LA MARTINIQUE,

RELATIVEMENT AU PROCÈS DE LA GRAND'ANSE;

PAR FABIEN,

MANDATAIRE DES HOMMES DE COULEUR DE LA MARTINIQUE.

> Mulâtres ! provocateurs ou provoqués, vous n'en serez pas moins répréhensibles envers les blancs.
>
> J.-J. BONNET,
> *Magistrat chargé d'instruire le procès de la Grand'Anse.*

Paris.

DE L'IMPRIMERIE DE DEZAUCHE,

FAUBOURG MONTMARTRE, N° 11.

—

MARS 1835.

RÉPONSE

A MM. LES AVOCATS

ET

AU PARQUET DE LA MARTINIQUE,

RELATIVEMENT AU PROCÈS DE LA GRAND'ANSE.

> Mulâtres ! provocateurs ou provoqués,
> vous n'en serez pas moins répréhensibles
> envers les blancs.
>
> J.-J. BONNET,
> *Magistrat chargé d'instruire le procès de la Grand'Anse.*

Ce n'est point sans raison que l'année dernière, dans une brochure (*Appel aux amis de l'humanité*), nous déversions le blâme sur la conduite tenue par certains avocats de la Martinique, pendant le malheureux procès de la Grand'Anse, et que nous signalions à l'attention publique et à celle du barreau français l'abandon, la désertion de la défense.

Ces avocats ont répondu en publiant une lettre dans le journal officiel de la colonie (29 novembre 1834). Ils ne se contentent pas de nier des faits manifestes et de se livrer à des personnalités que leur titre de colons ne peut même faire excuser, ils osent encore se décerner une couronne civique.

Nous devons répondre à leur diatribe, et clore cette polémique en leur démontrant enfin que les accusés ont été sacrifiés aux passions qu'entretiennent dans les colonies les préjugés de couleur.

Si notre langage, mesuré ou plutôt timide alors, est ferme et incisif aujourd'hui ; si nous mettons à nu les choses et les hommes, on sera forcé de convenir que nous y avons été provoqué, et par nos adversaires et par l'horrible résultat du procès de la Grand'Anse.

§ Ier.

Tout n'est pas dit sur ce procès ; il faut en parler de nouveau ; c'est le seul moyen de faire monter le rouge au front de nos oppresseurs, car ils redoutent enfin, et trop tard peut-être, le jugement de la reine du monde, l'opinion publique.

Le complot de la Grand'Anse a été représenté comme une véritable insurrection, comme un appel à la force brutale, soit pour obtenir la concession de nouveaux droits, soit pour s'emparer de la direction du pouvoir, soit enfin pour substituer de nouveaux propriétaires aux anciens.

Tel est le but odieux de l'accusation. Elle a été publiée sous ce point de vue par certains journaux que les colons subventionnent, et si la presse indépendante a pris le change un moment sur les causes des événemens de la Martinique, c'est qu'elle n'a pu croire au machiavélisme d'un acte d'accusation aussi perfidement rédigé.

Tout est faux dans les trois hypothèses dont nous venons de parler. Rappelons donc ce qui a donné naissance aux événemens pompeusement et sanguinairement appelés le complot de la Grand'Anse.

Le quartier de la Grand'Anse a été, depuis 1823 notamment, le foyer de toutes les agitations coloniales. Dans ce quartier plus que dans tout autre, la haine des blancs contre les hommes de couleur n'a fait que grandir. Leur langage actuel est celui qu'ils tenaient, en 1823, au général Donzelot, sur le bruit hâtif de quelques réformes à apporter dans la condition de la caste de couleur.

Les colons disaient, dans une adresse de décembre 1823 :

« Les blancs ne consentiront *jamais* à se voir les égaux des
« mulâtres ; ils savent que le gouvernement du roi ne souffrira
« *jamais* que le système établi soit renversé. Quoi qu'il en
« soit, nous devons vous dire que les habitans de la Martini-
« que sont unanimement décidés à *maintenir* et *défendre*, à
« quelque prix que ce soit, l'état actuel de la législation , et à
« ne JAMAIS laisser porter aucune atteinte aux règlemens co-
« loniaux.

« Nous vous prions d'être notre organe auprès du gouver-
« nement et de lui faire bien comprendre que nous sommes
« *fermement résolus à n'admettre aucune modification.* Pour
« peu que le gouvernement s'écarte des ordonnances colo-
« niales, l'édifice colonial est attaqué, et les habitans ayant pris
« la ferme résolution de se défendre , s'ils succombent, la co-
« lonie sera perdue pour la France (1). »

(1) Les colons ne consentiront jamais, disent-ils, à se voir les égaux des *mulâtres!*
ceux-ci cependant ne leur sont pas inférieurs. Si les préjugés dont ils sont victimes avaient pour base les bonnes mœurs et même la naissance, nous les com-
prendrions ; mais il n'en est pas ainsi : on reproche aux hommes de couleur leurs
aïeules maternelles ; ils aiment autant. ils préfèrent même avoir pour aïeules des
négresses arrachées par la violence à leur pays, et réduites à l'esclavage, que ces
filles de mauvaise vie envoyées aux îles de l'Amérique, dont parlent Dutertre ,
Labat et Raynal. Ce dernier dit notamment, dans son *Histoire philosophique
des deux Indes,* tome 5ᵉ, page 215, édition 1820.
« La France qui avait désavoué jusqu'alors des brigands dont les succès n'avaient
« aucune stabilité, les reconnut pour ses sujets quand ils devinrent sédentaires.
« Elle leur envoya en 1665 un homme vertueux, intelligent, pour les gouverner.
« A sa suite partirent des femmes, qui, comme la plupart de celles qu'on a fait
« passer en différens temps dans le Nouveau-Monde, n'étaient connues que par
« leurs débauches. Les boucaniers n'étaient pas blessés de ces mœurs ; chacun
« disait à celle que le sort lui assignait :
« Je te prends sans savoir qui tu es et sans m'en soucier. Tu ne serais pas ve-
« nue me chercher, si quelqu'un avait voulu de toi dans l'endroit d'où tu viens ;
« mais que m'importe? Je ne te demanderai pas compte du passé , parce que je
« n'ai aucun droit de m'offenser de ta conduite, lorsque tu étais maîtresse de l'avoir
« bonne ou mauvaise à ton gré, et que je n'aurai point à rougir des actions que
« tu te permis dans un temps où tu n'étais pas à moi. Réponds-moi seulement de
« l'avenir, je te quitte du reste. » Puis , frappant de la main sur le canon de
son fusil, il ajoutait : « Voilà qui me vengera de tes infidélités; si tu me manques,
« celui-là ne te manquera pas. »
(Tome 7ᵉ, page 155). « La métropole fit passer cinquante jeunes filles qu'on
« n'obtint qu'au plus haut prix. Bientôt après il en reçut un pareil nombre qui
« furent obtenues à des enchères encore plus fortes. Elles furent vendues comme
« des esclaves, et achetées comme une marchandise ordinaire. Ce fut l'argent et
« non le choix de leur cœur qui décida de leur destinée. Qu'attendre d'unions
« ainsi contractées? Cependant c'était la seule voie de satisfaire la passion la plus

Cette pétition collective fut signée au nom de tous les habitans des communes du Macouba, de la Basse-Pointe et de la Grand'Anse, par les commissaires-commandans Brière de Bréteville, Fortier et Lalannes-Dufond.

Si les hommes de couleur se fussent permis de présenter une pétition en des termes aussi menaçans, ils l'eussent payé de leurs têtes ; mais alors, comme aujourd'hui, impunité et encouragement aux privilégiés ! !

Cette menace d'insurrection contre la métropole produisit l'effet attendu. Le gouverneur Donzelot, effrayé et stimulé par des hommes dont l'hypocrisie et la perversité sont maintenant proverbiales, devint l'instrument des persécutions et des vengeances les plus atroces.

Il est inutile de rappeler tous les malheurs de la classe de couleur en 1824. Les victimes ne furent pas épargnées. Nous nous trouvions en tête de la liste de proscription. Nos plaintes ont retenti en Europe, les noms de nos bourreaux ont été livrés à la vindicte publique, et cependant les mêmes juges de 1824 ont encore pu, en 1834, envoyer un grand nombre d'hommes de couleur, sous une accusation politique, aux

« impétueuse sans entraîner de querelles, et de propager le sang des hommes sans
« le verser. Tous les habitans s'attendaient à voir arriver de leur patrie des com-
« pagnes qui viendraient adoucir et partager leur sort. Ils furent trompés dans
« leurs espérances, on ne leur envoya plus que des filles de joie, de viles et mé-
« prisables créatures, qui s'embarquèrent avec tous les vices de l'âme et du corps
« attachés à une abjecte condition dont elles étaient bien éloignées de rougir,
« puisqu'elles ne montrèrent aucune répugnance à s'engager pour trois ans au
« service des hommes. Cette manière de purger la métropole en infectant la co-
« lonie entraina de si grands désordres, qu'on supprima un remède funeste, mais
« sans subvenir au besoin qu'il devait apaiser. »

Dutertre, dans son *Histoire générale des Antilles,* dit, pages 453 et 455,
2ᵉ volume, que toutes les meilleures familles qui sont aujourd'hui dans les îles
descendent des engagées. Il ajoute : « On ne travailloit que pour avoir une femme,
« et la première chose qu'on demandoit aux capitaines quand ils arrivoient de
« France, estoit des filles A peine estoient-elles descenduës à terre, qu'on couroit
« tout ensêble au marché et à l'amour ; on n'y examinoit bien souvent, ny leur
« naissance, ny leur vertu, ny leur beauté, et deux iours après qu'elles estoient
« arrivées, on les épousoit sans les connoistre ; car il n'y avoit presque pas une
« de ces precieuses qui ne se vantât d'être bien alliée en France ; quoy qu'il en
« fût, le mary les habilloit le plus superbement qu'il pouvoit, et s'estimoit encore
« bien heureux d'en avoir à ce prix. »

bagnes, à l'échafaud, sur la demande de ces mêmes colons de la Grand'Anse (1).

L'histoire du procès de la Grand'Anse est tout entière dans les faits que nous venons de citer.

Le temps qui modifie tout, l'expérience qui nous éclaire, n'ont point détruit les préjugés, la haine des colons ; c'est d'eux qu'on peut dire « qu'ils n'ont rien appris, qu'ils n'ont rien oublié. »

En août 1833, à la suite d'une discussion avec un colon blanc, le sieur Césaire fut accusé d'être l'auteur du meurtre commis sur la *personne* du cheval d'un dragon.

Césaire, poursuivi, jugé par les *colons*, devait être condamné à mort ; c'est ce qui arriva. Vainement on démontra que la balle qui avait causé la mort du cheval n'avait pu être dirigée par Césaire, puisque la blessure était *du haut en bas.*

La Cour d'assises avait condamné Césaire à la peine capitale, non comme l'auteur principal du crime, mais comme s'étant trouvé *près du lieu où le crime avait pu être commis.* (La Cour suprême a cassé cet arrêt.) Une semblable condamnation avait causé un étonnement et une stupeur difficiles à décrire; et, dans la commune de la Grand'Anse, la fermentation des esprits s'accroissait encore du refus de Mᵉ Bourgis, avocat de Césaire, de faire recevoir son pourvoi en cassation. Cependant cet avocat avait reçu 500 francs d'honoraires pour une défense qui ressemblait à un second acte d'accusation (2).

---

(1) MM. Perrinelle-Dumay et Lepelletier-Duclary figuraient comme juges dans les condamnations de 1824. Quelque temps après, M. Perrinelle, qui présidait de fait la Cour, fut, en récompense de son activité, nommé président titulaire. En 1835, M. Duclary, pour avoir secondé *avec intelligence* M. Perrinelle, a été nommé président, en remplacement de ce dernier, démissionnaire.

(2) On voit à la page 153 de l'acte d'accusation que Mᵉ Bourgis se plaint des amis de Césaire, qui, dit-il, ont *rodé autour de lui* en manifestant des intentions hostiles. Les hommes de couleur nient cette allégation en avouant cependant que l'un d'eux a dit à Mᵉ Bourgis : « Vous n'avez pas rempli la mission d'un avocat, « mais bien joué le rôle d'un méprisable délateur. »

En janvier 1824, notre défenseur aussi, M. A. Rivière, s'est refusé de faire notre déclaration de pourvoi ; après s'être entendu avec les conseillers de la Cour royale, il fut envoyé vers nous pour nous engager à ne pas nous pourvoir en cassa-

L'effroi devint bientôt général chez les hommes de couleur; les colons, triomphans de la condamnation de Césaire, redoublèrent d'insolence et d'audace. Dans le quartier de la Grand'Anse surtout, l'exaspération était au comble, lorsqu'une terreur panique s'y manifesta dans la soirée du 24 décembre 1833. Les colons, qui l'avaient prévue, qui l'avaient habilement préparée, savaient à quoi s'en tenir. Dix ans étaient révolus, date pour date, entre la lettre au général Donzelot et les événemens qui vont suivre; les colons se rappelaient qu'il faut, tous *les dix ans, une pendaison de mulâtres.*

Les blancs feignirent de craindre le soulèvement des hommes de couleur, et ceux-ci durent croire à une agression prochaine : ce point a été formellement établi par les débats. Les privilégiés abandonnent leurs habitations, courent aux armes, se dirigent sur l'habitation Bonafon, forment un camp d'agression et s'emparent, au dire même de l'acte d'accusation, d'une *position militaire, avantageuse par sa situation,* sur un morne où se trouvent des bâtimens favorables aux opérations stratégiques.

L'étendard national, qui rappelle des souvenirs de gloire et de liberté, ne pouvait convenir à de lâches provocateurs. Aussi ils arborèrent le drapeau blanc, et, seuls, furent appelés dans ce camp. Ceux-là mêmes d'entre les hommes de couleur dont la modération était bien connue, furent écartés, car ils auraient entravé le cours des délibérations. Il ne s'agissait pas du salut du pays, c'était des scènes de carnage qu'on préparait. La défiance qu'une semblable réunion inspira aux hommes de couleur fit espérer au commandant du quartier Desabey que s'il convoquait les miliciens de couleur pour joindre le camp, aucun d'eux ne paraîtrait, et que dès lors il les comprendrait tous dans la prétendue résistance qu'il organi-

tion, alléguant pour raison, que nos juges n'en seraient que plus irrités. Quelle trahison!! Comme l'infortuné Césaire, nous fûmes abandonné par notre défenseur, mais Césaire du moins a trouvé des amis autour de lui et à 1,800 lieues de lui, quand nous, nous n'avions rencontré que des bourreaux.

sait ; mais les hommes de couleur, forts de la droiture de leurs intentions, et jaloux d'enlever le plus léger prétexte à des scènes de violence, se rendent à la convocation et se réunissent chez deux de leurs officiers blancs, MM. Duhamelin et Dieudonné-Valmont. Le premier était déjà au camp ; le second, dont l'attitude était embarrassée, n'avait pas mission, disait-il, pour les conduire au camp Bonafon ; il s'y rendit seul, désertant le commandement de sa compagnie dans un moment si critique. Mais cette scène était préparée de longue main ; car le camp des blancs, placé sur une éminence où l'on faisait des préparatifs hostiles, devait aigrir les esprits et précipiter un mouvement. Les hommes de couleur attendirent long-temps le retour du lieutenant Valmont pour connaître les dispositions du camp Bonafon. L'oligarchie avait tenu conseil ; elle fit savoir aux miliciens de couleur qu'ils seraient repoussés à coups de fusil s'ils approchaient. L'attaque semblait être organisée ; il fallait se mettre à l'abri d'une surprise et déjouer de sinistres desseins. Les hommes de couleur se mettent sous la sauvegarde du drapeau national ; ils l'arborent, et appellent leurs concitoyens à la défense commune.

Ainsi sont en présence le drapeau de l'oppression et celui de la liberté ; ainsi sont en présence les colons blancs et les hommes de couleur.

L'alarme ne pouvait que s'accroître. Les colons ne s'attendaient pas à l'attitude raisonnée des hommes de couleur : leur terreur, de simulée qu'elle était, devint réelle ; car si les mulâtres attaquaient leur camp, ils devaient céder au nombre. Les colons croient que le ciel demande enfin justice de leur barbare oppression. Ils reconnaissent trop tard qu'ils ne peuvent se suffire à eux-mêmes ; ils regrettent d'avoir arboré le drapeau blanc ; ils l'enlèvent. Des courriers sont expédiés à Saint-Pierre pour chercher des renforts ; le commandant militaire de cette place détache une partie de la garnison, et ne convoque que trente hommes de la milice de couleur sous le commandement d'un de leurs officiers, M. Télèphe. Il lui assure que sa mission est toute pacifique et de persuasion.

Au bruit des événemens de la Grand'Anse, les hommes de couleur, par l'organe de MM. Ruffi, Bellefeuille et Delmont, s'étaient tous offerts pour y aller rétablir l'ordre et le calme avec les troupes de ligne. M. Rostolan, commandant militaire, refusa leur coopération. Pour la forme (on voulait sauver les apparences), on accepta, on exigea même le concours d'une trentaine d'hommes de couleur, mais non celui d'un bataillon qui aurait empêché, par sa présence, l'exécution des crimes que nous avons à signaler.

Un détachement du régiment de la marine parti de Saint-Pierre sous le commandement de M. de Montigny, arrive le 26 au soir au camp Bonafon. Les hommes de couleur, conduits par le sous-lieutenant Télèphe, formaient l'avant-garde ; les insurgés blancs du camp Bonafon, fidèles à la résolution qu'ils avaient prise de repousser les hommes de couleur par la violence, les accueillirent par une décharge de coups de fusil, bien que leur attitude dût éloigner toute idée d'hostilité. Ils avaient l'arme au bras, et, chose inouïe, malgré les balles qui sifflaient sur leurs têtes, les hommes de l'avant-garde, commandés par M. Télèphe, ne songèrent point à riposter. Le capitaine Montigny, indigné d'une attaque aussi lâche, comprenant toute la gravité de cette provocation, s'empressa de se faire reconnaître, et força le camp Bonafon à recevoir le détachement des hommes de couleur. Ces faits sont trop avérés, trop manifestes, pour qu'il prenne envie à qui que ce soit de les démentir. Nous verrons plus tard comment les avocats les ont appréciés dans la défense, quel parti ils en ont tiré.

Pendant les journées des 25 et 26, les deux partis s'observèrent ; les hommes de couleur, qui ne s'étaient pas préparés à une résistance, encore moins à une attaque, se trouvèrent sans vivres et sans munitions ; l'abondance de toute chose régnait au camp Bonafon ; les hommes de couleur furent donc visiter

plusieurs habitations abandonnées, et s'y pourvurent de sub-
sistances indispensables.

Permis au procureur-général, pour donner de l'importance
à son acte d'accusation, de parler de vols à main armée, de
brigandage ; nous le verrons plus tard demander la tête d'un
homme de cœur, dont les débats ont mis au grand jour l'innocence! Et cette tête lui sera refusée cependant par les juges,
colons eux-mêmes.

Après avoir passé la nuit du 26 au 27 au camp Bonafon,
M. de Montigny, sur les ordres spéciaux du gouverneur de
rétablir la tranquillité par tous les moyens qu'il jugerait con-
venables (termes de l'acte d'accusation), prit la sage résolution de maintenir l'amnistie promise par lui dès la veille dans
le trajet de Saint-Pierre à la Grand'Anse.

Cette déclaration conciliatrice produisit tout l'effet qu'on
en attendait ; déjà les hommes de couleur se présentaient pour
faire leur soumission. Lorsque M. de Montigny fit avancer le
lieutenant Chevalier qui les somma de mettre bas les armes ,
cet officier ne remarqua aucun *signe d'hostilité*, l'accusateur
public est obligé de l'avouer. M. de Montigny, croyant cependant qu'il y avait de l'hésitation parmi les hommes de couleur,
s'avança et prononça ces mots solennels, dont l'authenticité a
été reconnue à la Cour de cassation par M. l'avocat-général
Parant : « METTEZ BAS LES ARMES , IL NE VOUS SERA RIEN
FAIT. »

Cette promesse était émanée d'un militaire revêtu de la
confiance du gouverneur, on devait espérer que l'échauf-
fourée n'aurait aucune suite sérieuse ; on était porté à croire
que la Martinique ne verrait pas s'ouvrir pendant plusieurs
semaines un charnier politique , ni se renouveler des scènes
de désolation, des scènes de carnage.

Et ceux qui, en armes, pouvaient dicter les conditions ;
ceux qui pouvaient mettre en question l'existence même de la
colonie ; ceux qui pouvaient appeler à leur secours et à la liberté la nombreuse population esclave, consentirent cependant

à abandonner leurs armes et à se mettre sous la sauve-garde de l'autorité métropolitaine.

M. de Montigny agissait de bonne foi, nous voulons bien le croire; il était sous l'impression des ordres du gouverneur; il sentait le besoin d'une transaction à tout prix, et s'estimait heureux de l'accorder sans effusion de sang, sans attacher à son nom le souvenir d'une sanglante vengeance. Mais il n'en était pas de même chez les colons; ils n'avaient rien stipulé; armés sans le concours de l'autorité, ils avaient compté sur du sang, il leur fallait du sang !

Des vociférations, des cris de mort se font entendre ! « Qu'on « en finisse avec eux, qu'on fusille ces mulâtres, s'écrient les « colons, qu'on les fusille ! » L'exécution allait suivre la menace, si M. de Montigny n'avait interposé une dernière fois encore son autorité.

On devait s'attendre à ce que le camp Bonafon fût dissous; les hommes de couleur qui ont consenti à déposer leurs armes rentreront paisiblement dans leurs foyers, profiteront du bénéfice de l'amnistie, et la pacification sera complète.

Non ! M. de Montigny aura prononcé des paroles de paix pour fournir plus sûrement des victimes au zèle du procureur-général.

A peine les hommes de couleur sont-ils désarmés, qu'on les fait cerner par les troupes et qu'on les déclare prisonniers, au mépris de la foi jurée !

« C'est manquer de foi que de garder la foi à ceux qui n'ont point de foi, disait Innocent III aux croisés chargés d'exécuter ses ordres fanatiques. »

Fidèle à ces doctrines du XIIᵉ siècle, le commandant de la force armée, traitant les mulâtres comme on traitait les Albigeois, les manichéens, oublie la foi promise et ordonne que les amnistiés soient traqués comme des bêtes fauves. Plusieurs prisonniers essaient de fuir en se jetant dans les broussailles; des coups de fusil sont tirés, et le jeune Lorville, dont l'avenir était plein d'espérance pour sa famille et son pays, tombe percé de sept balles ; et plus tard, lorsqu'on demandera compte de cette exécution féroce, on répondra ingénuement que l'ordre de tirer sur les fuyards avait été donné.

Tel est le prélude des scènes d'horreurs qui vont suivre. Le gouverneur arrive accompagné du procureur-général, M. Noguès. Ces deux fonctionnaires devaient juger froidement les événemens ; mais ils ne croient pas possible de se maintenir au pouvoir sans plaire à l'aristocratie coloniale, préviennent ses désirs, se concertent pour arrêter un plan dont on demandera pour eux la récompense.

Une revue des milices est commandée ; les hommes de couleur, toujours confians dans la droiture de leurs intentions, s'y rendent le 28 décembre ; c'est dans les rangs que le procureur-général fait faire des arrestations. Ceux des hommes de couleur qui ne font pas partie des milices ne peuvent croire au sinistre projet du procureur-général ; ils entendent dire qu'on les suspecte ; ils se présentent spontanément, réclament l'investiture de leurs actions, et ils seront mis en jugement, c'est-à-dire condamnés !

Si c'est une calamité pour un pays lorsque ses magistrats ont perdu la confiance des justiciables, c'en est une bien plus grande encore quand, par leur partialité, leurs prévarications, ces magistrats ont encouru la haine et l'exécration publiques. Leurs arrêts n'imposent plus le respect à la multitude ; au lieu de flétrir ils ennoblissent les victimes qu'ils ont cru frapper, et le coupable lui-même, justement condamné, se dit, et on le croit juridiquement assassiné.

Justice ! Justice ! Tel est le cri que les hommes de couleur, depuis des siècles, ne cessent de pousser, et toujours une cruauté froide et calculée par l'organe des magistrats créoles, leurs ennemis invétérés, constitués en juridiction exceptionnelle, a répondu par des exils et des supplices ! !

C'est une vérité qu'ont déjà proclamée des écrivains consciencieux, et à laquelle l'histoire contemporaine fournira de bien tristes et de bien honteux monumens !

Puisse le souvenir de tant d'injustices accumulées, et la responsabilité du sang innocent versé pour assouvir d'ignobles passions, ne pas provoquer de terribles catastrophes qui ne seraient que des représailles ! Puissent enfin nos neveux n'y répondre que par des exemples contraires, en suivant le précepte de l'Évangile, qui veut qu'on rende le bien en échange du mal !

Tant de prisonniers embarrassent l'autorité ; on les dépose au camp Bonafon, dans une purgerie (bâtiment disposé pour sécher le sucre), au nombre de cent cinquante ; ils seront sans vivres, sans air, entassés dans un petit espace au milieu des émanations les plus fétides ; ils voudront obtenir le renouvellement de l'air, ils formuleront leurs demandes ; à leurs cris, aux besoins pressans qu'ils font entendre, on répondra par une décharge de coups de fusil, et on laissera sur le carreau huit victimes ! Pendant plus de quarante-huit heures, les blessés seront sans secours et mourront des suites de la gangrène.

Ceux-là du moins auront échappé à la justice coloniale !

Des habitations d'hommes de couleur, éloignées du quartier de la Grand'Anse, seront dévastées par les miliciens et la ligne. Une habitation notamment, celle de la famille Maurice, sera cernée la nuit. Sur des pourparlers instamment opposés à une sommation illégale, contraire à l'inviolabilité du domicile, et sans provocation aucune, enfans, femmes, vieillards, seront atteints par les balles, par les baïonnettes, et périront dans cet épouvantable massacre.

L'acte d'accusation n'osera pas narrer ces expéditions nocturnes et le massacre des prisonniers qui devaient être protégés par la loi. Mais, dans un rapport du gouverneur au ministère, qu'il ne croyait pas devoir être publié, M. Dupotet parlera cependant du meurtre de la famille Maurice, en cherchant à le légitimer par une résistance à la force armée.

A Saint-Pierre, un homme de couleur jouit d'une légitime influence due à son caractère personnel ; il est de plus l'ami, le correspondant de l'un des mandataires des hommes de couleur. M. Léonce sera arrêté ; la terreur atteindra et les hommes de couleur privés d'éducation et ceux dont l'intelligence est développée. De toutes parts les inquiétudes naîtront ; on comptera sur l'espérance d'un mouvement arraché à l'indignation, pour motiver des poursuites et un grand nombre d'arrestations (1).

Un procès sera intenté à ceux qui n'ont pu retenir les sentimens que cette arrestation inspire. Deux condamnations seront prononcées ; héritier des traditions les plus fâcheuses de la magistrature prévôtale, M. Nogues demandera la tête de Léonce ; mais les juges eux-mêmes n'oseront pas attenter à cette existence ; ils seront toutefois moins pénétrés de son innocence que des dangers que cette condamnation leur préparerait dans l'avenir.

Le gouverneur, cédant à de certains conseils, fait rédiger une proclamation dans l'espoir d'entretenir l'irritation, va au devant des condamnations, les provoque, ne respecte pas l'infortune, et flétrit des noms de *brigands*, de *bandes dévastatrices*, des malheureux pour lesquels la protection de l'autorité

---

(1) Tout sera méconnu, jusqu'au service que venait de rendre le détachement de couleur. On s'appliquera à le mystifier, soit dans les soldats qui avaient montré le plus de zèle, soit dans l'officier qui avait servi d'écho à l'amnistie, en reconnaissant toutefois ce que l'accomplissement de ce devoir militaire avait de douloureux pour lui.

Le sieur Ulysse Fourcade, mulâtre au teint blanc (car il y en a de toutes les couleurs), fut le premier bafoué; le sieur Eyma, l'ayant pris pour un blanc, l'avait présenté à ses amis et aux dames de l'aristocratie, qui l'avaient affectueusement accueilli. Troublé par tant de politesses et de bienveillance, le jeune homme les attribuait au danger imminent qui rapproche les hommes et fait taire leurs préjugés, mais il ne fut pas long-temps à se désabuser ; reconnu plus tard pour être mulâtre, les blancs le provoquèrent et obtinrent son renvoi du camp Bonafon.

Quant à l'officier de couleur, la mystification ne fut pas le résultat d'une semblable méprise, il a le teint basané; mais ce fut le gouverneur lui-même qui voulut bien s'en charger. Arrivé au camp Bonafon, après la soumission *de la bande*, il lui fut servi un grand repas où tous les officiers et les fonctionnaires furent appelés, à l'exclusion de l'officier de couleur.

Ces provocations, ces mystifications avaient, dit-on, un but machiavélique que ma plume refuse de retracer, car je ne puis croire qu'on voulait en finir aussi avec les hommes qui avaient contribué à rétablir la tranquillité. Si mon cœur repousse cette idée, il admet du moins celle d'une ingratitude que ne justifie même pas l'esprit de parti.

sera toujours muette, et sur le sort desquels la justice n'a pas encore prononcé; tant les convenances les plus vulgaires sont ici négligées ! Blâmé, même par le ministère, d'avoir cédé à des passions haineuses en incriminant entièrement la classe de couleur, M. Dupotet acceptera le reproche et voudra se justifier, dit-on, en assumant sur la tête d'un obscur secrétaire la rédaction de cette proclamation.

Tel est donc le rapide tableau des événemens de la Grand'-Anse et des moyens qui se présentaient à la défense.

Puisque les avocats ont voulu protester contre nos paroles, voyons donc si les renseignemens sur lesquels nous nous sommes appuyé sont exacts, si la défense enfin n'a pas dû motiver notre censure.

§ II.

Je maintiens mes allégations : les défenseurs qui les combattent n'ont pas rempli leur *noble mission*, et cependant je n'avais pas leurs plaidoyers sous les yeux lorsque j'écrivais la brochure qu'ils ont qualifiée de *pamphlet*.

Douze d'entre eux ont protesté (1); mais on sait ce que valent les protestations collectives, et nous ne nous laisserons pas imposer par des signatures arrachées à la confraternité.

Nous donnerons sans commentaire un passage du plaidoyer de l'un de ces avocats, Mᵉ Lemaistre-Ihler, défenseur de plusieurs des condamnés de la Grand'Anse. Il s'exprime ainsi :

« Messieurs, voici sur ces bancs les accusés de la Grand'-
« Anse; sont-ils, ou ne sont-ils pas coupables ? Je n'en sais
« rien. La Cour saura les juger; pour moi seulement, je
« crois devoir lui faire observer que mes cliens sont de vrais
« *rococos* que je lui abandonne. »

Cette phrase rappelle la réponse de ce fanatique abbé de

(1) MM. Pellisson, Bouisset, M. Cordier, Sidney-Daney, Lepelletier-St-Rémy, A. Thomas, Lemaistre-Ihler, Gandelat, Camouilly fils, A. Hachard, Moulin-Dufresne et A. Deslix.

Cîteaux, qui, lors du massacre des Albigeois à Béziers, disait à ceux qui lui demandaient quel était le signe auquel on pourrait reconnaître les catholiques d'avec les hérétiques : « *Frappez tous*, *Dieu saura reconnaître ceux qui sont à* « *lu i*»

Entendons maintenant Me Deslix, l'Ajax du barreau de la Martinique, qui a obtenu l'insertion de ses paroles dans le journal officiel de la colonie :

« Le 26 décembre voit continuer tant d'excès qui enfin « sont arrêtés par la prise en armes d'une centaine d'individus « contre lesquels la force armée a la générosité de ne pas « USER DE JUSTES REPRÉSAILLES. »

Est-ce là le langage d'un défenseur, d'un homme qui fait de l'étude des lois sa profession, d'un homme qui n'a pu ignorer les promesses d'amnistie faites avant que les hommes de couleur eussent déposé les armes ? Il a entendu le capitaine Montigny lui-même déclarer qu'il y avait eu transaction, et l'avocat semble regretter l'absence du massacre !

Mais le meurtre de Lorville, le massacre de la famille Maurice, et celui des prisonniers de la purgerie Bonafon, n'avaient-ils donc pas satisfait à cette soif inextinguible du sang mulâtre.

Me Deslix continue : « On devait donc se défendre contre « cette bande, comme on se défend contre des brigands qui « ne comptent plus au nombre des citoyens, dès le moment « où, foulant aux pieds les lois de la société, ils se mettent en « guerre ouverte avec elle. »

C'est ainsi que dès son début Me Deslix attire l'intérêt des juges sur d'infortunés accusés. Et si des condamnations capitales sont prononcées plus tard, quelle responsabilité ne pèsera pas sur la tête de pareils défenseurs !

L'avocat termine en accusant des hommes dont la conduite devait rester étrangère à sa défense, puisqu'elle ne justifiait pas celle de ses clients. Voici ce qu'il disait :

« Vous voyez les Rosemond et autres scélérats de son es-

« pèce promener la torche et le pillage ; frappez, messieurs,
« vous le devez, mais frappez juste. »

L'appel de Me Deslix a été entendu, et il aura à s'en félici-
ter ; l'aréopage colonial n'a prononcé que quatre-vingt-treize
condamnations dont quarante à la peine capitale; est-ce assez
pour ce défenseur généreux!.... Tout le plaidoyer de cet avocat est écrit de cette manière, à chaque phrase on lit les mots
brigand, scélérat; et celui qui a tenu un semblable langage
ose parler de son indépendance! Il a exigé cependant 1,900 fr.
80 centimes comptés d'avance pour de si éloquentes paroles,
pour ce simulacre de plaidoirie devant la Cour d'assises; tel
est le désintéressement, telle est la philantropie à *petit bruit*
d'un des Cicéron de la Martinique.

L'existence du drapeau blanc avait été signalée aux débats
une fois au moins par un témoin, les avocats en conviennent;
que ce témoin ait rapporté ce fait sur un ouï-dire ou qu'il
l'ait vérifié lui-même, peu importait, la présence du drapeau
contre-révolutionnaire était indiquée; le devoir des défenseurs
n'était-il pas d'élever l'incident , de demander à quelle source
il avait pris naissance, de faire entendre les témoins qui l'auraient confirmé, de poser des conclusions formelles et d'obtenir
un arrêt quel qu'il fût? Alors la défense était placée sur son
véritable terrain, la provocation devenait manifeste; mais il
n'en a été rien fait, et néanmoins douze des accusés déclarent
que le drapeau blanc a été arboré, et leur langage, pour tous
ceux qui les connaissent, sera réputé véridique.

Mais, disent nos antagonistes, qui a empêché ces témoins
de parler? qui leur a fermé la bouche?

Ignorons-nous que vous seuls, avocats, dirigiez dans leur
défense les malheureux accusés; qu'ils obéissaient à vos pres-
criptions, à vos conseils, sous la menace d'être abandonnés
totalement, s'ils ne se reposaient sur votre *sollicitude*.

Exhibez les notes confidentielles de vos cliens, et voyons si
on ne vous a pas parlé constamment de la présence du drapeau
blanc au camp Bonafon. Osera-t-on encore hasarder un dé-

menti? je citerai alors des noms, des faits que je dois taire en ce moment dans une intention d'humanité qu'on ne saurait méconnaître. La justice coloniale et les privilégiés ne demanderaient pas mieux que de prendre de nouvelles victimes par une accusation politique, ne fût-ce que pour créer des obstacles à l'abolition de l'esclavage qui les atteindra incessamment.

Votre influence, dites-vous, ne pouvait empêcher le conseiller-instructeur de consigner les réponses des accusés; ils étaient interrogés avant d'avoir conféré avec vous. Le fait est vrai, mais pourquoi rivalisiez-vous d'invectives avec cette magistrature impitoyable?

La ligne de conduite tenue par M. Jean-Jacques Bonnet, conseiller-instructeur, est fidèle à ses précédens. C'est lui qui disait en 1831 au tribunal de la Pointe-à-Pitre, dans une affaire d'homme de couleur à blanc : « *Mulâtres! provocateurs ou provoqués, vous n'en serez pas moins répréhensibles* envers *les blancs.* »

C'est lui qui consignait, dans un procès-verbal d'interrogatoire, écrit de sa main, dont nous avons eu la copie sous les yeux, les instances qu'il faisait auprès d'un prévenu qu'il interrogeait, pour obtenir des révélations, en lui promettant formellement *sa grâce complète*, s'il faisait des aveux demandés.

C'est encore lui qui, dans son avis motivé, sous la date du 23 novembre 1830 (affaire Charles Ruillier), érige en principe aux colonies qu'il est permis de tuer un esclave qui s'enfuit sans armes, et justifie ce meurtre par le cas de légitime défense *de la société.*

C'est toujours ce même magistrat, l'un des familiers du procureur-général, qui l'avait attaché à son parquet, que nous voyons instruire le procès de la Grand'Anse, sous les inspirations de ce dernier. Sera-t-il donc difficile de croire au refus de constater l'existence du drapeau blanc au camp Bonafon, lorsqu'on saura que ce M. Bonnet a été, depuis, nommé substitut du procureur-général, en récompense de la campagne faite et de la victoire remportée sous le patronage du digne successeur de Richard-Lucy ?

Les témoins, dites-vous, messieurs les avocats, n'avaient aucune raison pour se taire; ils n'étaient sous aucune influence. Belles excuses! Les trois quarts des témoins étaient blancs ou esclaves de ceux-ci; tous soutenaient par passion ou *par ordre* l'accusation : ils ne devaient donc pas parler du drapeau. Leur thême était fait, ils ne s'en sont pas écartés. Les autres témoins appartenaient à la classe de couleur; pour la plupart mis hors de cause par un arrêt de non-lieu, ils n'osaient avouer l'existence du drapeau blanc, parce qu'on leur faisait comprendre que cet arrêt n'était pas définitif. En présence de l'épée de Damoclès, suspendue sur leur tête, la conduite des témoins de couleur s'explique naturellement; on évitait d'ailleurs de leur adresser des interpellations qui auraient pu faire jaillir la vérité sur les déplorables événemens de la Grand'Anse.

Le procureur-général n'a-t-il pas aussi fait tous ses efforts pour empêcher la manifestation de la vérité? ne sait-on pas qu'il s'est fait un système, pour les rares occasions où il lit un réquisitoire laborieusement enfanté, d'accuser de faux témoignage les hommes qui contredisent les témoins présentés par lui pour soutenir ses réquisitions? Pendant ces débats de sinistre mémoire, n'a-t-on pas entendu M. Nogues *improviser*, quoiqu'il ne soit pas improvisateur, des menaces de poursuites contre des témoins? A-t-on oublié les poursuites qu'il dirigea en 1831 contre des hommes de couleur qui, par la véracité de leurs dépositions, pouvaient lui disputer le bonheur qu'il se promettait et qu'il a eu de conduire à la potence vingt-six esclaves qui, aux termes de l'ordonnance du 12 octobre 1828, avaient le droit de se pourvoir en cassation, et auxquels on avait même refusé le recours à la clémence du souverain ? M. Nogues n'a-t-il pas prouvé, en cette circonstance, comme dans bien d'autres, que la classe de couleur n'avait point à compter sur son impartialité? A la Guadeloupe, comme à la Martinique, ne s'est-il pas toujours constitué le champion de l'aristocratie de la peau? Ne l'avons-nous pas vu, en 1829, participer à la déportation odieusement arbitraire du sieur Pol, licencié ès-lettres, jeune Parisien inoffensif par état et par caractère, qui s'était rendu à la Guadeloupe pour y établir une école pour les enfans de couleur.

Le procureur-général n'a-t-il pas, dans sa lettre du 26 mars 1831, menacé de sa délirante colère le greffier de Saint-Pierre-Martinique, qui, conformément à la loi et à des arrêts de la Cour de cassation, avait reçu le pourvoi formé par un patroné, le sieur Louisy?

Ne l'a-t-on pas vu menacer d'interdiction l'avocat qui avait assisté cet accusé, et se venger sur celui-ci d'avoir usé du droit de se pourvoir en cassation?

N'a-t-il pas fait, pendant son séjour à Paris, des démarches auprès de M. le procureur-général Dupin, pour tâcher de l'induire en erreur sur l'affaire Louisy et sur la justice coloniale que celui-ci a foudroyée de son éloquence? (Voir le *procès d'un patroné*.)

Tout récemment n'a-t-il pas fait charger de chaînes les hommes de la Grand'Anse, ceux-là spécialement qui ont eu le courage d'attester l'existence du drapeau blanc au camp Bonafon? Ne s'est-il pas transporté dans la prison pour injurier ces malheureux et les faire enfermer dans les cachots où naguère son digne prédécesseur, l'oppression incarnée, Richard-Lucy enfin, avait eu la barbarie d'enfermer mon vénérable père qui en a été retiré mourant et presque asphyxié?

Il n'est donc pas étonnant que durant les débats du procès de la Grand'Anse, harcelés par les menaces du procureur-général et abandonnés par le barreau, les témoins de couleur n'aient osé déposer de ce qui était constant, de ce qui était de notoriété publique.

Les avocats n'ont point parlé des coups de fusil tirés du camp Bonafon sur le détachement commandé par M. Télèphe. Ce moyen mettait au grand jour la vérité des faits articulés par les accusés ; il démontrait l'état d'irritation des blancs contre les hommes de couleur, il expliquait enfin tous les désordres qui avaient eu lieu, si toutefois les hommes de couleur en avaient commis. On devait demander l'audition de M. Télèphe, le faire s'expliquer sur ce qu'il avait vu, sur ce qu'il avait entendu, et ne pas imiter le conseiller-instructeur qui avait évité d'entendre le témoignage de cet officier ; il est certain que ce témoin eût retardé son voyage en France, s'il avait cru que sa déposition eût été invoquée.

Nous indiquons seulement l'absence de ce moyen important ; il donne la mesure de la défense.

Un autre moyen puissant aussi a été négligé : je veux parler de l'amnistie... On ne pouvait ignorer son existence, tout le monde la connaissait, elle était avouée dans l'acte d'accusation. Les avocats seuls n'en ont pas parlé. Ce fait était d'une grande influence dans le procès, il le dominait, il était important non-seulement devant la justice coloniale, mais encore devant la justice métropolitaine.

Vainement dira-t-on que M. de Montigny n'avait pas qualité pour accorder l'amnistie ; peu importait.

Aux termes de l'article 343 du Code d'instruction criminelle, les membres composant la Cour d'assises n'avaient-ils pas le droit, sans rendre compte des motifs par lesquels leur conviction se formait, de déclarer les accusés non coupables ?

La Cour de cassation n'a-t-elle pas cassé sans renvoi la condamnation prononcée contre le nommé Papin, accusé vendéen, par le motif que le lieutenant-général avait accordé amnistie à ceux qui avaient fait leur soumission ? (Arrêt du 5 juillet 1833.)

Si tous les défenseurs n'ont pas déserté ce moyen par le même esprit que celui qui animait Me Deslix, mais plutôt par faiblesse, le reproche d'omission en est-il moins fondé ?

Il était facile de démontrer que les accusés n'avaient mis bas les armes qu'après la promesse formelle qu'*il ne leur serait rien fait.* Il fallait donc représenter les accusés comme des hommes dont le sort était garanti par une capitulation.

Mais non, avocats, vous avez tenu le langage de l'accusation ; vous avez suivi la même ligne de conduite. Vous méritez tous, ou la plupart, les mêmes éloges.

Qu'un procureur-général, qu'un substitut aient voulu faire preuve de zèle et se créer un titre à la faveur des colons, cela se conçoit ; ils ont à gagner un traitement dont on ne leur contestera plus la quotité.

Vingt-six esclaves avaient été pendus en 1831 ; c'était peu de chose pour M. Nogues. Il fera décimer la population de couleur en 1834, et croira avoir affermi, dans les bureaux de la marine, le pâle et chancelant appui qu'on lui prête encore grâce à son oncle, vice-amiral gouverneur de la Martinique.

Cette condamnation, vivement sollicitée par ce procureur-général, n'a excité en France que des cris de réprobation. La Cour de cassation, appelée à juger le pourvoi de ces infortunés, n'a pu trouver un vice de formes dans cet arrêt abominable, mais en gémissant sur le sort de tant de victimes, elle a dit : « Bonne procédure, mais mauvais jugement. » Toutefois, les membres de cette cour suprême, après avoir rempli leur douloureux devoir de magistrats, n'ont pas hésité à témoigner de leur sollicitude pour les infortunés de la Grand'Anse. MM. de Crouseilh, Isambert, et le président de la section criminelle, comte de Bastard, ont fait notamment des démarches auprès du ministère de la marine et réclamé la grâce des condamnés. Leurs vœux n'ont jusqu'à présent été entendus qu'à demi ; les peines ont été commuées, et comme le disait avec une noble assurance l'une des victimes de 1824, aucune tête ne pouvait tomber.

A leur arrivée en France, ces infortunés ne subiront pas l'infamie des bagnes, le gouvernement se hâtera de terminer cette déplorable affaire, en rendant à la liberté tous les condamnés de la Grand'Anse. Nous faisons un appel à sa justice,

nous sollicitons la clémence royale en faveur de nos malheureux concitoyens ; puissions-nous être écouté !

L'occasion de réparer une des plus monstrueuses injustices qu'ait commises l'oligarchie coloniale, sera sans doute
saisie avec empressement. Notre confiance, notre espoir est
dans la métropole, elle ne sanctionnera pas la prévarication
de ses indignes agens ; tolérer leur épouvantable iniquité,
serait une participation qui éterniserait les dissensions et
les haines qu'une sage administration doit détruire, et ce
n'est pas en semant la vengeance sur cette terre labourée
par le crime et arrosée de notre sang, que l'on parvien-
dra à cette fusion que nous appelons encore de tous nos
vœux.

Des temps meilleurs nous sont annoncés. Nulle injustice
n'échappera désormais à l'œil scrutateur de la métropole. En
vain les colons, après avoir voué à l'échafaud cent têtes in-
nocentes, seront-ils venus, par l'organe de leurs délégués et
de leurs fanatiques et aveugles défenseurs, réclamer aux
chambres nationales des gendarmes et un bill d'indemnité ;
en vain auront-ils imploré, en faveur de leurs crimes, SILENCE
POUR TOUJOURS, INACTION POUR TOUJOURS (M. de Montlosier,
séance de la chambre des pairs, 24 février 1835); cent voix
contre une seule s'élèveront pour demander justice. Les Ver-
huel, les Lainé, les Decazes et les Broglie, les traduiront au
tribunal de la chrétienté tout entière ; là, au lieu de ce
silence si vivement sollicité, une discussion solennelle ; là, au
lieu de ces plaidoyers salariés et accusateurs, une cause no-
blement et généreusement défendue ; au lieu de ces verdicts
de mort prononcés contre les opprimés, l'abaissement et la
honte des oppresseurs ! A quoi serviront alors ces bataillons
venus à grands frais d'Europe pour maintenir le calme autour
des échafauds !! Des hommes impartiaux, des magistrats in-
tègres, convaincus de la nécessité de détruire l'esclavage, fe-
ront les affaires de l'humanité et non plus celles des colons et
des bourreaux ! Malheur et malédiction à ceux qui ne vou-

draient point de la loi juste et humaine, car alors aussi l'heure de la justice et de la vengeance aura sonné!

Eh! qu'on ne pense point que la cause des noirs ne suscite en ce moment que des sympathies partielles. L'élan est devenu général, le cri de liberté, parti des bords de la Tamise, a retenti jusqu'aux rives de la Seine; il a traversé la Manche, la Baltique et l'Océan; Londres, Paris, Copenhague et Philadelphie ont formé des associations tendantes à l'entière libération des noirs; des écrivains éloquens ennoblissent leurs talens en stigmatisant le régime odieux de l'esclavage; à leur tête, se présente un digne apôtre de l'humanité, Zachary Macaulay, citoyen anglais, l'ami, l'émule de l'ancien évêque de Blois, le vertueux Grégoire. M. Macaulay vient de publier la traduction d'un ouvrage qui détruira les préventions injustes propagées par les avocats de l'esclavage contre les habitans émancipés d'Haïti (1). Un autre écrivain, non moins recommandable par l'élégance et la noblesse du style que par la générosité et l'élévation de ses sentimens, M. Gustave de Beaumont vient de publier aussi un livre qui a produit une profonde sensation dans le monde éclairé (2); bientôt il n'y aura plus que M. de Montlosier et les délégués salariés qui oseront ériger en principe la légitimité de l'esclavage.

(1) Cet ouvrage, écrit avec toute la conscience et le talent qui caractérisent M. Richard Hill, son auteur, est imprimé chez L. Hachette, à Paris; c'est une traduction de l'ouvrage anglais, *Lettres d'un voyageur à Haïti pendant les années* 1830 *et* 1831. M. Richard Hill, mon ami politique et privé, est aujourd'hui magistrat à l'île de la Jamaïque.

(2) *Marie* ou *l'esclavage aux États-Unis* est le titre de cet excellent ouvrage. « Il existe, dit l'auteur, aux États-Unis, une tendance générale de l'opi-
« nion vers l'affranchissement de la race noire. Plusieurs causes morales con-
« courent pour produire cet effet.
    « D'abord les croyances religieuses, qui, aux États-Unis, sont universellement
« répandues. — Plusieurs sectes y montrent un zèle ardent pour la cause de la
« liberté humaine; ces efforts des hommes religieux sont continus et infatigables...
« A ce sujet, on se demande si l'esclavage peut avoir une très-longue durée au sein
« d'une société de chrétiens. — Le christianisme, c'est l'égalité morale de l'hom-
« me; ce principe admis, il est aussi difficile de ne pas arriver à l'égalité sociale,
« qu'il paraît impossible, l'égalité sociale existant, de n'être pas conduit à l'éga-
« lité politique... — On ne peut pas non plus contester que les progrès de la civi-
« lisation ne nuisent chaque jour à l'esclavage. A cet égard, l'Europe même influe

Si nous nous sommes écarté de notre sujet principal, on nous pardonnera cette digression en faveur des sentimens d'humanité qui nous animent.

MM. les avocats et le parquet de la Martinique nous ont forcé de descendre de nouveau sur la brèche; nous n'avons point reculé devant une réponse, quelque difficile, quelque dangereuse qu'elle pût nous paraître, la vengeance des colons dût-elle s'appesantir encore une fois sur nos intérêts, sur nos affections les plus chères (1)!

Jusqu'ici, aucun sacrifice ne nous a coûté, et ce n'est pas au moment où nous pouvons compter sur la réalisation de nos efforts que nous serons dominé par un sentiment d'hésitation ou de crainte.

Mandataire des hommes de couleur, confirmé pour la troisième fois dans ce poste d'honneur, de confiance, nous justifierons leur suffrage en redoublant d'efforts et de persévérance. Notre voix sera entendue; le jour du triomphe n'est peut-être pas éloigné, car le succès du méchant, dit l'Ecriture-Sainte, ne saurait être de longue, d'éternelle durée.

« sur l'Amérique. L'Américain, dont l'orgueil ne veut reconnaître aucune supé-
« riorité, souffre cruellement de la tache que l'esclavage imprime à son pays
« dans l'opinion des autres peuples. » (Tome 1, page 302.)
Et plus loin, page 338 : « Comment se résoudra ce grand problème politique?
« Faut-il prévoir dans l'avenir une crise d'extermination? Dans quel temps?
« Quelles seront les victimes?... Personne ne peut répondre à ces questions. On
« voit se former l'orage, on l'entend gronder dans le lointain ; mais nul ne peut
« dire sur qui tombera la foudre. » (Paris, chez Charles Gosselin , rue Saint-
Germain-des-Prés, n° 9)

(1) La brochure que nous avons publiée l'année dernière a éveillé les suscepti-
bilités les plus inattendues ; M. Aubert-Armand, procureur du roi à St-Pierre, a
cru devoir réclamer aussi. Occupons-nous donc de lui puisqu'il nous y con-
traint.
Il a retrouvé, fort *heureusement*, dit-il, deux lettres. Elles détruisent complète-
ment *l'odieuse imputation* qui le représentait comme l'auteur du bris de cachet
des lettres adressées à M. Télèphe. Que prouvent donc ces lettres? Je veux dire la
lettre de M. Télèphe; je mets de côté la lettre du brigadier Russe, comme *véhé-
mentement suspecte*. M. Télèphe engage le procureur du roi a poursuivre l'esclave porteur des lettres pour les avoir décachetées et avoir dérobé les objets dont
il était porteur. Que fait alors le procureur du roi ?
Un délit lui est signalé, un crime d'après la législation coloniale; des poursuites
auront lieu et l'autorité éloignera le soupçon qui atteint son caractère.
Eh bien ! M. Aubert--Armand fait tout le contraire, l'esclave est mis en liberté,

A ces gens qui exaltent si haut leur loyauté, leur indépendance, à ces gens qui s'enrichissent en sacrifiant les intérêts les plus sacrés, disons-leur : Seuls, vous entretenez l'irritation et les haines en soutenant des préjugés décrépits; vous, seuls, entretenez la discorde et les procès pour les exploiter au gré de votre insatiable rapacité; vous, aussi, entretenez les préventions de castes, en obéissant à la faction qui conspire avec vous la perte de ceux qui vous paient au poids de l'or en échange d'une défense presque toujours trahie. Avocats, n'ayez donc plus la prétention de repousser des conseils d'honneur et d'indépendance. Relisez vos plaidoyers, interrogez vos souvenirs, et dites celui d'entre vous qui aura plus que moi le droit de parler honneur, désintéressement et indépendance.

Et vous, chers et infortunés compatriotes, puisez à notre école le courage dans les fers, la dignité dans les persécutions ; relevez la tête et retrempez vos esprits. Notre voix aura du retentissement, vos liens seront brisés, et vous rentrerez enfin au milieu de vos familles désespérées, de vos amis consternés. Oui, mes chers concitoyens, prenez patience, ayez confiance dans la métropole, et apprenez à tous ceux qui souffrent, qu'un avenir de bonheur n'est pas éloigné. Apprenez-le aussi à ces malheureux esclaves qui nous touchent de si près. Il vous appartient de leur inculquer l'amour de l'ordre et du travail, de les disposer à l'oubli et au pardon d'une

---

et la plainte s'égare pendant tout le temps qu'il faut pour la *retrouver heureusement* lorsqu'il s'agira de nous adresser un démenti. Il ne faut pas à ce qu'il nous semble une bien grande perspicacité pour trouver les véritables motifs qui ont déterminé M. le procureur du roi à ne diriger aucune poursuite; sa position pouvait devenir embarrassante. Supposons par impossible que l'instruction eût fait connaître la couleur des mains qui avaient décacheté les lettres, certaine personne demeurait confuse en présence d'une preuve qu'elle redoutait ; il était donc rationnel, prudent, convenable, de ne pas donner suite à la plainte du sieur Télèphe. — Après cette explication qui en vaut une autre, M. le conseiller, car M. Aubert-Armand a gagné aussi lui, son *picotin d'avoine* dans le procès-monstre, sera peut-être guéri de la velléité de hasarder une apologie ou même une excuse. Tout porte à croire que les magistrats et avocats de la Martinique deviendront plus sobres de susceptibilité en acquérant la certitude que nous ne pouvons plus conserver de ménagemens pour des hommes dont la conduite est si opposée à leurs obligations, à leurs devoirs.

longue oppression. L'association pour l'abolition de l'esclavage prend racine dans le pays, elle gagne les sommités; notre éloquent et noble défenseur à la chambre des pairs, le duc de Broglie, président du conseil des ministres, est aussi président de cette philantropique association qui compte dans son sein les célébrités de toutes les opinions. Les Isambert, les Passy, les Odilon Barrot, les Tracy, les Lamartine, les Larochefauchault, et un aide-de-champ du roi y concourent avec le même zèle, le même dévoûment. Encore quelque temps, les obstacles seront vaincus, l'humanité triomphera, et nous n'aurons dans nos fertiles contrées, comme nous avons en France notre commune et chère patrie, que des égaux, des amis et des frères.

FABIEN,

Mandataire des hommes de couleur de la Martinique.

ERRATUM.

Page 15, ligne 18, au lieu de *l'investiture*, lisez *l'investigation.*